Broschur 141

Margarete Hannsmann

Drachmentage

MARGARETE HANNSMANN

Drachmentage

GEDICHTE
MIT ORIGINAL-GRAPHIKEN
VON ULRICH ERBEN

VERLAG EREMITEN-PRESSE

ARKADIEN

für Johannes und Ruth

1983

Abreise

Heimat im Planquadrat
Leben das sich einfügt

Wer ausbrechen will
geht an die Ränder

Überfahrt karstentlang

Morgens in Split
überglänzt von Tauperlen
wölben sich auf den Markttischen Gemüse
Hügel aus Kirschen und Erdbeeren

Lang betrachtete ich ein Brett
im Schatten des Diokletianpalasts
voller Sensen Sicheln Beile

Fast vergessene Werkzeuge
felsig steigt dieses Land aus dem Meer
unbezwingbar von Technologie
die das Gesicht meiner Heimat zerstörte

Dann tauche ich in die Woge von Menschen
hab einen Augenblick Teil an Körpern
uralte Wiederholung
anbauen ernten zu Markte tragen

Essen
uns zu essen geben
was ihre unverdorbene Erde
wachsen läßt

Westküste

Ans Meer gehn
eh sich die Sonne erhebt
im nassen Sand
nur die eigenen Fußtritte
eintauchen ins Wasser
Kälte als Preis
für Stille
Einsamkeit
Uferschwalben
streifen mich fast beim Hinausschwimmen
den silberschuppigen Leib
der emporschnellt
werd ich vielleicht
heute Abend essen

Wenn die bleigraue Dünung sich
goldfarben kräuselt
kehr ich um
sobald die Sonne
höhersteigt
fallen
die Anderen ein

Boreas

Die Brandung schäumt
der stäubende Sand
verscheucht die Badenden
ich ducke mich
hinter blauen Disteln
wo der Vorhang aus Mittagsblumen
über die Klippen fällt
die Alte
in schwarze Wolle gehüllt
tappt meerwärts
als wollten die Augen
ihren Teil
an dem Aufruhr haben

Später wendet sie sich der Wiese zu
im Schutz der Bäume
liegen die Nackten
und schlägt siebenmal
das dreifache Kreuz

Dann reißt ihr Boreas
das Tuch vom Schädelchen
und läßt die schlohweißen
Haare flattern

Zephyros

Sonne und Mond
gleichzeitig am Himmel
leg ich mich so
daß ich beiden Gestirnen
ausgesetzt bin
der fahlen Sichel
ostwärts die Herrschaft
der Nacht verkündend
noch gewärmt vom westwärts rollenden
Feuerball des vergehenden Tags

Kein Laut außer Schwalben
keine Bewegung
als ihre Pfeile über mich hin
bevor sie in ihre Schlaflöcher huschen
während die Abendwellen sich kräuseln
schießen vom Mond verführt
schon die Nachtvögel
über den hellen Horizont

Raupen

Plötzlich war es nicht mehr grün
auf der Straße zwischen den Autoreifen
krümmte sichs tausendfach
man trat in Weiches

Sah Laubloses
nacktes Gezweig
Bohnenfelder aus Strünken
tote Feigenbäume
erkannte
daß nicht Feuer die dunklen Flächen
in der Macchie verheert hatte
und die Wälder aus Kermeseichen

Raupen im samtenen Haarkleid
schönfarbig

Ein Kindheitsgrauen
kehrte zurück:
Heuschrecken in den Bibelgeschichten
Termiten
Schnecken in Mutters Garten

Schädlinge
hätten genügend Feinde?

Und kein Flugzeug kam
Gift zu versprühen
denn von dem was die Raupen verschmähten
leben andere Tiere

Es regeneriert sich
der Grieche zeigte
mit einer weiten Bewegung
übers dürre Land:
Kampia
bald alles Schmetterlinge
und lachte

Schmetterlinge

Vor allem der sonnenfarbene wenn er flog
im Wald bei den heißen Schwefelquellen
doch kaum begann er sich niederzulassen
glich er dem Grund
ein grünes am Baum
ein welkes Herbstblatt auf der Erde liegend
kaum bebend im Wind
Blattrippen auf der Außenseite der Flügel
sich verästelnd in feinstes Geäder
den Rändern zu
und Bläulinge gegen den Himmel

Andere gaukelten prunkend mit
Trauermänteln
Schwalbenschwänzen
schwarzweißen Zeichnungen
durch die Macchie
zwischen Blumentöpfen
an Hauseingängen
komplementär
zu Hibiskus und Lilien

Soll ich den Raupen danken?

Wo der Erymanthos fliesst

Ein paar Garben
von mageren Feldern
Körner auf Felsterrassen gestreut
fußbreit Erde für einen Ölbaum
Pfadverlorenheit im Gestrüpp
machen daß die Esel nicht aussterben
eine Alte hütet Ziegen
in den grünen Schluchten
im Farn
liegt ein verrostetes Auto

Auto in spiritueller Landschaft

Wenn es nicht rasch und beständig mit uns
durch die Ebenen Schluchten über Berge führe
wie gelangten wir zur Summe
unzählbarer Ausschnitte
jeder vollkommen in sich vereinend
die Nuancen jeglichen Grüns
aller Grautöne Braunschattierungen
und was die Welt an Bläuen bereithält

Viertelstunden Jahrtausende sammelnd
als auf Maultier- und Pferderücken
in Sänften
sehr langsam sich
Landschaften öffneten
Farben Formen
der Erdoberfläche
und was Menschen hinzugetan

Aber daß es Arkadien war
wo die Flucht der Erscheinungen stillstand
flirrend am Horizont
wir erkannten
aussteigend fast freundlich gebreitet
der Hoffnung sich besteigen zu lassen
Kyllene
dahinter dunkel nach Innen gekrümmt
Chelmos mit dem Styx
der sich immer verweigerte
vielleicht weil Zeit noch nicht reif ist
für Hermes Psychopompos

Kyllene

Im sanften Hochtal
läuten ringsum Herdenglocken
Kuckucke antworten sich
Hirtenrufe
durchs Getrappel der Schafe und Ziegen
unablässig die Kräuter ab-
fressend die unablässig
nachwachsen
Bienenstöcke verstreut an den Hängen
wo nackter Fels mit dem Firnschneerest
sich zu Gipfeln wölbt

Hier also der Rinderdieb
hier der Säugling-Gott

Die Schildkröte nahm er aus
spannte die sieben Därme
es fing aus hohlem Panzer zu tönen an

Da willigte Apollon in den Tausch
die erste Leier gegen die Rinder

Bläue versprach den Aufsteigenden Glück
kurz danach vermischten sie sich
mit den Gipfel- und Wolkengestalten

Läßt er uns zurückkehren opfern wir
Hermes einen Hahn

ORCHOMENOS

Auf den Stufen des bald wieder
zugewachsenen Theaters
in der Mittagsonne
das Stück heißt Natur
Schauspieler
die Tiere
Schildkröte spricht den Prolog

Unten beim Brunnen
abseits ein paar Häuser
Grundriß des Tempels
für welche Göttin?

Säulenbasen
ein Altarstein
überzogen von jenem atemstockenden
Blau mit dem sie sonst Türen anstreichen

Oder vielleicht haben die dort wohnten
Stoffe auf dem Marmor gefärbt
auch ihr Haus beginnt wieder einzufallen
fort
sagt ein Mann
hier nix Arbeit nix Geld
und läßt sein Maultier trinken

Am Tempel Bassae

Seine jederzeit abrufbare
Gestalt
in mein Gedächtnis gegraben
jetzt eingerüstet
damit sie nicht stürzt
steht
Inbegriff von Maß und Abstand
unverändert grau
allein
auf dem Hirtenberg

Flüchtig gedenke ich
junger frühsommernächtelang einer Nachtigall
in solcher Höhe
eine Frau zeigte die Quelle
die alten Kreise
mit Steinen umlegt
wo gedroschen wurde

Jetzt wend ich mich dem Vergänglichsten zu
neben dem Tempel
ein Stückchen Erde
angefüllt mit wilden Blumen
als wären es Nachkommen
jener Kränze
die vor Jahrtausenden
Hirten dem Gott brachten

Über dem Wiesenstück war ein Brausen
von allem was Flügel hat
vergessnes Getön
ich kniete in die Mannigfaltigkeit
hörte sah fühlte roch wie als Kind
bevor ich wußte
mit jeder noch so
behutsamen Bewegung zertret ich
knicke Leben

Von dem ich mich
eine Pansstunde lang
schattenlos
hinreißen ließ

Brot und Wein 1983

In Arkadien
abseits
der Allerweltsstraßen
fanden wir
ein paar Bäume zur Rast

Wir hatten Wasser
im kühlhaltenden Styroporkanister
Oliven und Käse

Kein Dorf ringsum
das Haus versteckt
im Dickicht nahmen wir nicht wahr

Als wir lagerten
trat die Frau durch die Hecken
nicht jung nicht alt
im einen Arm
den Laib Brot
im anderen die Flasche Wein

Legte die Hand aufs Herz
und war verschwunden
bevor wir begriffen
es ist ihr Boden

Ich drückte das heiße
Brot an die Wange

Wir kauten wortlos
füllten den Becher

Lykosoura

Ohne den Alten
hätten wir jenen von Tierpfaden durchkreuzten
Aufstieg im Hang nicht gefunden

Macchie in Blüte
was die Natur sich ausdachte
flog hüpfte kroch um uns
Käfer wie Fäuste und tautropfengroß
Heuschrecken Salamander und Vögel
Tiere die unter der Erde leben
kamen ans Licht
zwischen Mastix und Erdbeerbaum
hingen riesige Spinnen
ich schrie
immer neu vor Grauen verzückt
stolperte in endemische Blumen

Dann sah ich die ausgegrabenen Reste
ein augenblicklanges Ahnen genügt
wenn es zurückreicht
und Pausanias
Namen hinterließ
für das in meiner Heimat mißbrauchtes
Wort Wachstum:
Despoina Demeter Ge

Hatten sie den Ort gewählt
für ihre drei Tempel
oder der Ort sie selbst
nirgendwo ist das übriggeblieben
Frauen selbdritt von so weit her:
die Uralte aus Chaos geboren
(selbst Himmel und Erde gebärend
ohne Mann)
die andere Heimstatt für Demeter
Persephone suchend
verwandelt als Pferd
und von Poseidon besprungen
gebar hier Despoina
Herrin der Landschaft
der sie den dritten Tempel weihten
und einen Kult von dem keine Kunde blieb
Artemis sah vom Rand her zu

Rückwegs tappte ich wie betäubt
durch die Sonne
hinter dem murmelnden Alten

THESSALISCHE KRÄUTER

für Walter Jens

1982

I

Wieder zieht es mich dorthin
wo sie mit den alten Wagschalen
Leben zuwiegen
das sie eben
an ihren Berghängen
in ihren Ebenen
aus ihrem Meer
vor meinen Augen
ernteten
Drachmentage
Gleichzeitigkeit
fünftausend Jahre alt

II

Nicht weil die Ebene sich dehnt
als wäre sie endlos
unter dem reifen Korn
während die ersten Mähdrescher fahren
überlaß ich ihr Stunde um Stunde

Sondern weil ihr Getreide voller Mohn ist
und an den Rändern und Rainen die Kräuter
die wir längst verdrängt haben
und die Luft voller Schmetterlinge
Vögel die daheim schon aussterben
überall huschen Eidechsen
Dächer voller Störche

Asklepios lebte hier
sieben Schlangen begegneten uns
auf dem Brückenpfeiler saß
morgens großäugig Pallas Athene
eine junge Eule

III

Die Dörfer im Hang des Pelion
Schulen der Freiheit
Nüsse und Früchte
hinter uns lassend
stiegen wir höher
wo noch immer Holz für die Argo wächst

Laubabwerfende Wälder wölbten sich
in ihrem Schatten lebt
was man aus unseren Wäldern vertrieb
Heilkräuter Gifte
der Salamander sonnt sich nachdem er
die springenden Wasser überquerte

Statt der Kentauren
traten Stiere aus dem Dickicht
hirtenlos
wo wir die Höhle suchten
hatte sich Militär einbetoniert

Später begriffen wir warum Chiron
Abschied nahm
die erschlagene Schlange am Weg

IV

Junimond
aprikosenfarben
über dem Golf von Pagasai
aus den Wassern sich erhebend
Fischerboote
das Gefunkel
großer Schiffe überwindend
hinter Agaven
sitzen wir im Kiefernhain
neben uns Retsinaflaschen
wartend bis die Nacht heranwächst
Cassiopeia
Stern um Stern
aufscheint
erst beim zwölften Schlag
sehen wir die Argo weit
draußen im Meltemi segeln

V

Dädalos bau mir eine Stute
in die will ich steigen
nachdem ich sieben mal sieben Tage
im Juni die Pflanzen und Tiere des Pelion
und seine Steine lieben lernte
nachdem ich durchtränkt von westlichen Buchten
in den östlichen Salzwasser schluckte
abgespült in den mündenden Bächen
emporgestiegen zum Farnkräuterbett

Und wo die Macchie im Herbst rote Beeren trug
sah ich junge Stiere weiden
gelb und blau umblüht
nahm ihren Anblick
mit ins Zelt
Dädalos bau mir eine Kuh
umkleide sie schön mit lockigem Fell
Pasiphae geht in den Nächten um
wenn am Himmel der Skorpion wandert

VI

Jetzt ist Abend

Seit der helle
Tag anbrach war Krieg auf Erden
und ich stritt an allen Fronten
um Gerechtigkeit

Werft mir nicht vor
daß ich jetzt aufs Wasser blicke
euch die Kämpfe überlassend

Uferlinien abzulaufen
lebenslang dem Punkt entgegen
wo der Strand am Himmel endet

Wo der Frieden anfängt

VII

Der streunenden Trauer in Thessaloniki
die sich mir an den Hals werfen will
lauf ich davon
aufs Flugzeug wartend
von einem Deuxchevaux mit Margritten beklebt
ununterbrochen hupend verfolgt
während ich der weißen Braut
durch die eingerüsteten Tore
in die Hagia Sofia folge
kauert die Trauer auf dem Gerüst
vor den verschalten Mosaiken
greift nach mir aus den Kränzen und Kronen
die der Priester über den Köpfen
von Braut und Bräutigam vertauscht
als ich fliehe vermischen sich
Hochzeitsgesänge mit dem Anruf
Joanis Täufer vor der Kirche
Kerzenflackern um die Altäre
und ich denke an Salomes Hochzeit
mit jenem Haupt auf der silbernen Schüssel
laufe zum Quai
Mc Donald auch hier
das dunkelbraune stinkende Meer
schwappt an die Ufermauern
doch dann steht plötzlich die Sichel des ersten
Tages nach Neumond am reinen Himmel
mich aufs Hotelbett werfend geb ich
endlich der Trauer zu fressen

ELEGIE AUF LESBOS

in Memoriam HAP Grieshaber

1981

Als ich ankam stürzte ich mich vom Felsen
doch unten statt in Lethes Quell
wurde ich von Mnemosymes Armen empfangen

Ankunft

Wenn ich die Augen schließe
nur Zikaden und Duft
hinter den Lidern die Sonne

Deinen Tod
wollte ich von der Insel fernhalten
wie sie einst Sappho verbannten

Dein Sterben mit dem ich nicht leben kann
das alles auslöschte
wo Farben waren
sah ich nur Schatten
Lautlosigkeit inmitten
jeglichen Lärms
nichts mehr roch
mein Gaumen blieb taub
meine Fingerspitzen stießen ins Leere

Schon bereit dir zu folgen
meine Zeit ist um
dachte ich an ein Haupt das einst
irgendwo an diese Küste gespült wurde
hinter der sich das Eiland der Klage
und der Widerklage erhob:
Untergegangen sind schon die Plejaden
ich aber schlafe allein

SÄUME in denen sich abspielt was blieb
zwischen Kieseln und Tamarisken
steig ich ins Meer in dem du nicht vorkommst

Doch schon die Tropfen auf meiner Haut
während ich naß zu den Feigen geh
perlen salzig ins Grab

Deine Flöte im Schilfrohr ist verstummt
der Granatapfelbaum färbt seine Früchte
vergeblich

Übergibt mich dem alten Hain
vielhundertjähriger Ölbäume
finde dich ab sagen sie

Da binde ich
meine Sandalen enger
und steig ins Maquis zu den Dornen

Übungen

Schicktest du mich in die Sonnenwildnis
um deinem Grab entgegenzugehn
statt es zu fliehn?

Tratst du mir auf die Hände
weil ich sie dir unter die Füße legte
damit du nicht fällst?

Du wolltest fallen
deinen Atem bewachen
ohne mich

Bist du gestorben damit ich jetzt
mit einem Stein auf dem Felsenriff
Nüsse aufklopfen kann?

Gegenüber
zähle ich an der Küste Kleinasiens
Minarette mit einem Fernglas

Wenn abends die Sonne auf Assos fällt
kann ich mit bloßem Auge erkennen
wo Aristoteles lebte

WARUM suchst du mich heim jede Nacht
sind meine Tage Trugschlüsse?
tu ich die Augen auf dich zu vertreiben
und der Sonne entgegenzusehn
find ich der Berge hingestreckte
Körper was für Brüste mit Knospen
hättest du aus ihnen gemacht
wie aus den Hügeln die ich einst für dich war

In jedem Schlag der Steinhauer
die das neue Tor errichten
nimmst du Gestalt an
muß ich dich jetzt
mitnehmen in den Spiegel der See
in den Kranz aus Dillblüten?

Mittags geh ich übers Gebirge
flehe die Zikaden an
mir Vergessen einzuätzen
aber es ist die falsche Stunde
der große Pan ist tot schreien sie
hundertmal schnittest du ihn ins Holz
bist du wie er unsterblich obwohl
er gestorben ist?

Abends steht mir der Retsina bei
und ich traue dem Käuzchenruf
wenigstens er
sei für sich selbst
doch inzwischen liegst du schon
in der Sichel des heute Nacht
wieder zunehmenden Monds
wann machst du dich auf den Weg
zu den Milchstraßensternen?

Du bist in allem

da sind Tiere
die Auguststroh zusammensuchen
oder still im Schatten stehn
Eselsmaul gegen die kühlende Rinde
des Platanenstammes gelehnt
Vögel und Eidechsen
auf meiner Schulter
lassen sich Falter nieder
Chimären

Funkenflug Jugend
weißärschig singen
nackte Leiber küstenlang
die befreite Frau
in der Taverne bettelst du
als gelbe Katze um meine Fischköpfe
Mitsubishi Toyota Datsun
über die schmalen Staubstraßen brausend

du bist das Rot in den Macchiafrüchten
Eingeweide der aufgeplatzten
Feigen im Baum
Lila des Herbstes
Kiesel an die meine Fußsohlen sich
auch am dritten Tag nicht gewöhnen

bei der geknickten Königskerze
liege ich zwischen Wolfsmilchgewächsen
klagend über das Abgeweidete
unter dem grauen Dorngespinst
über die ausgetrockneten Flußtäler
Haine im Feuersturm verkohlt

du bist im Nordwind
im Rascheln der Rispen
von Asphodelen die ich frühlings war
nirgendwo finde ich zwischen Pinien
den Aphroditetempel
da fliegen
drei schwarze Störche über mich hin

Einzelne Ziegen

‹Körper des Sommers› schrieb Elytis
der Körper des Monats August hat sich
zwischen mich und die Welt gedrängt

Jetzt weiß ich du wärest nie mit mir
auf den Lepetimnos gestiegen
steinige Pfade empor zu den Ziegen-
göttern Brudertier Schwestertier
schwer die Euter und Hodensäcke
was für Antlitze
eh sie beim Dorf-
schlachter an den Haken hängen
das gehäutete Haupt
die gebrochenen Augen
blaue Zungen quellen quer
aus den blutigen Mäulern

PAPPEL heitre Zypressenschwester
grünes Flackern im Abendwind
in der Zeltfrühe Silbergewisper
äolische Namen für sechzehn Winde
die wir nicht auseinanderhalten
wieder waren wir bei den Ölbäumen
Stämme wie vielfältige Menschengeschlechter
die sich vom Meersaum bis hoch ins Gebirge
niederlassen
wir Nachgeborenen
denen nichts mehr zu besingen blieb
to Axion Esti
selbst das Licht borgen wir
am Ort wo seine Wurzeln sind

Schlaflos

Orion liegt über Lesbos' Bergen
unterm abnehmenden Mond
anschwillt das Geläut
von Herdenglocken
der Rand hellt sich auf
Morgenröte löscht Sterne aus
bevor die Sonne emporfährt

Ob es mir gelingt dich für immer
in das Glanzlicht hinüberzuretten
aufzuheben deinen Tod
wo sie einst Orpheus' Haupt begruben
das singend durch diese Wasser zog?

Ich weiß es zog dich nie zum Meer
das Geräusch wenn die Brandung herankommt
und die Wasser von den rollenden
Kieseln zurückfluten
schien dir verlorene Zeit

Vielleicht wolltest du auch nicht den Knaben
zusehn wenn sie auf den Uferfelsen
Tintenfische die vielarmigen
Göttinnen weichklopfen
und daß die Winde
wechseln von Stund auf Stund

Zum erstenmal pflück ich einen Grantatapfel
den ich bisher in den Feinkostgeschäften
für dich kaufte
jetzt kann ich ihn dir
nicht mehr ans Bett legen

Doch wenn morgen der September beginnt
soll mich der Schmerz nicht mehr krümmen

Pfad in Eftalu

Sieben Mandeln fand ich am Weg
die erste war taub
die zweite war bitter
mit der dritten zerbiß ich den süßen
Kern des Sommerrests
Salz auf den Lippen
Westwind schüttelt die Feigenbäume
triefend vom Mark der zerplatzenden Früchte
stopfe ich
verklebt und besudelt
alles Leben in mich hinein

Taverne

Wir sitzen am Schilfsaum beim Schein der Laterne
Fledermäuse schießen umher
die Fischer von Molivos und Eftalu
richten ihre Lichter aufs Wasser

es ist Neumondnacht
das eine Boot
wirft schon den zweiten Netzkreis um mich
meine dünne Trauer schlüpft immer noch
zwischen den Maschen durch
beim drittenmal
bin ich endlich gefangen

Manchmal schlafe ich im Hotel
damit du zufrieden bist
aber dort telefonieren alle
mit daheim
ich steh daneben
als bebe die Erde:
kein Anschluß unter dieser Nummer
da wend ich mich wieder den Zelten zu

NOCH einmal in Zelten schlafen
Sand und Kiesel Dornengestrüpp
Tierausscheidungen Menschenfäkalien
Abfallgrube
Müllkippe Erde
Daphnis und Chloe sind nicht verschont

Heimaterde

Ymos, Schleifstaub-Dauerauftrag, 56,1 m^3
Äthylacetat Cylol
chlorierte Kohlenwasserstoffe
Siemens, 236 Fässer Härtesalze Reinigungsmittel
Glanzstoff, 34,9 m^3 Toluol u. Äthomin
Salpetersäure Alu- u. Cu-Beize
Buderus, 7 m^3 Ätznatron
Marienhütte, 1275 t Formsand
EMDA, 14 t Schwefelsäure
cyanidhaltige Härtesalze
Altöle Ölschlämme Galvanikschlämme
Akkumulatorensäuren
polychlorierte Biphenyle
schwermetallhaltige Klärschlämme
Dünnsäuren Filterkuchen Haushaltsmüll
Arzneien Farbreste Batterien
jahraus jahrein 500 Millionen Tonnen

Seid fruchtbar und mehrt euch und bevölkert die Erde
und macht sie euch untertan und herrscht
über die Fische im Meer und die Vögel am Himmel
und über alles Getier das sich auf Erden tummelt
sagte der Herr zu Adam

Margarete Hannsmann, geboren 1921 in Heidenheim, lebt als freie Schriftstellerin in Stuttgart. Schauspielausbildung, verschiedene Berufe, freie Mitarbeiterin in verschiedenen Rundfunkanstalten. Entscheidende Impulse durch Griechenland und zwölfjährige Zusammenarbeit mit HAP Grieshaber.
1976 Schubart-Preis der Stadt Aalen; 1981 Literatur-Preis der Stadt Stuttgart; 1983/84 Ehrengast der Villa Massimo, Rom. Vorstandsmitglied des VS in Baden-Württemberg, seit 1984 Mitglied des PEN-Präsidiums. Veröffentlicht seit 1964 Lyrik, Prosa, Hörspiele. In der Eremiten-Presse erschienen: *Blei im Gefieder*, Gedichte, 1975; *Schaumkraut*, Gedichte, 1980; *Abschied von HAP Grieshaber*, Gedicht, 1981.

Ulrich Erben, geboren 1940 in Düsseldorf, aufgewachsen am Niederrhein und in Rom, lebt in Düsseldorf. Studium an den Akademien in Hamburg, Urbino, Venedig, München und Berlin. Seit 1971 zahlreiche Einzelausstellungen im In- und Ausland und Beteiligungen an wichtigen Gruppenausstellungen, u. a. documenta VI, 1977.

INHALT

Die ersten Exemplare dieser Ausgabe sind numeriert und signiert. Es erscheinen neben der Normalausgabe hundertfünfzig Exemplare numeriert von 1 bis 150, von den Autoren handschriftlich signiert; ferner hundertfünfzig Exemplare numeriert von I bis CL, von den Autoren handschriftlich signiert, mit einer lose beigelegten Flachdruckgraphik von Ulrich Erben. Die für den Druck der Original-Flachdruckgraphiken erforderlichen Filme und Farbauszüge wurden vom Künstler von Hand gezeichnet und anschließend direkt auf die Druckplatten übertragen.
Gestaltung: Eremiten-Presse, Düsseldorf; Satz: Nagel Fototype, Berlin; Druck: Rolf Dettling, Pforzheim; Bindearbeiten: Emil Weiland, Karlsruhe.

Fortunastraße 11, D–4000 Düsseldorf 1
ISBN 3-87365-221-8
Erstausgabe
1986